NOS

Agora vai ser assim

Leonardo Tonus

Eu vejo o (m)ar.

Troppo moderato

Amarelinha

REFUGO

         RE
FU   JO
         RE
FU   JO
         RE

REFÚGIO

No escuro

Meu avô veio ao Brasil no porão de um navio.
Minha avó veio ao Brasil no porão de um navio.
A mãe de minha tia veio ao Brasil no porão de um navio.
Acorrentados e açoitados, o trisavô de meu vizinho,
o bisavô do vendedor de jornais, a avó de Carolina de
Jesus vieram ao Brasil no porão de um navio.

"Quem vive no escuro inventa luzes",
diz Mia Couto em um de seus romances.

Inventa mas não as pratica.

Eu vivo no escuro,
tateando muros
entre rostos anônimos,
vidas nuas e
mãos
decepadas.

O grito das sereias

dizem que o mais impressionante das travessias
não é a sede
nem o medo
do depois.
A humilhação
já não fere
o que não existe
                dizem
corpos num barco
de corpos
veias
olhos
pele
pênis
unhas
vagina
                gritos
dizem que o mais terrível das travessias
são os gritos das mulheres
                que não ouvi
enquanto me ofereciam um café para apaziguar
minha irritação pelo atraso do voo
a criança soterrada
morria
ao trancar a porta de casa
para nunca
                chorava o irmão partido
ao vento
da lama
no frio
de lágrimas
que gritam

        durante as travessias
as mulheres
que não ouvirei
mesmo que um estrondo me leve para o fundo deste
oceano onde
outras
        gritavam
durante o almoço de
batatas assadas
salada
arroz
café sem demora
        a carne malpassada
do gritos das mulheres
que perfuram meus tímpanos
ensurdecidos
        nesta minha travessia

inútil.

Terror

Ontem eu vi o terror
nos olhos de um imigrante clandestino.
Simplesmente,
o terror

de um barco à deriva,
vida de silêncios
de uma existência usurpada.

Ontem eu vi o terror dos meus olhos
nos olhos de um imigrante clandestino.
Meus olhos menos clandestinos
desembarcados aqui há anos.

O terror não se descreve.
O terror não se narra.
O terror não se esquece.

Um corpo sobre a areia

Não há poesia no estupro.
Não há poesia no racismo.
No feminicídio não há poesia.
A faca que penetra o corpo de uma mulher. É faca.
Em seu caminho de lâmina. Em sua função de faca.

Não há poesia nos genocídios.
O tráfico humano de imigrantes na Líbia não é
licença poética.
Tampouco os naufrágios.

No refúgio não há epifanias.
Há silêncio.
Um silêncio oco.
O silêncio-soco dos que habitam
a espera
à espera
da pergunta que nunca virá.

A matéria se aborreceu? Virou matéria.
Na matéria substantiva dos ruídos do mundo
perdemos a voz.
Esquecemos a malícia das coisas.

Eu perdi a voz
ao sair.

Não houve abraços na chegada.
Ninguém esperava por mim.
Ninguém me acudiu ao me perder
pelas ruas de uma cidade
que ainda não era cidade.

Ela era um plano.
Um traçado de planos que entre si formavam ângulos,
paralelas e perpendiculares.
À cidade faltava-lhe perspectiva.
Faltava-lhe a profundidade de uma presença
na possibilidade de habitar um nome.
O meu nome.
Ou qualquer um.

Eu não sabia dizer o meu nome.
Eu não sabia dizer o meu nascimento.
Eu já não sabia dizer meu corpo.

Silêncio. Silêncio. Silêncio. Silêncio. Silêncio.

Eu conheci o silêncio.
Eu me esqueci do silêncio

ao virar o rosto
ao indigente que estendeu a mão
à mulher que implorou
para que a criança não morresse
sobre a areia.

Não há poesia no rosto de um indigente.
Não há poesia no corpo de uma criança afogada.
Não há poesia no silêncio de um corpo afogado.

Um corpo sobre a areia
que, entre meus dedos silenciosos,
escorrega
oco.

Estar-em-comum

A hospitalidade começa pela hospitalidade da língua.
Nomear o outro que desconhecemos.
Acolher em nossa língua
o outro
que não conhecemos.
Acolher a língua do outro que nos é
desconhecida.

E, em troca, ofertar a nossa
um chá
café
ou simples copo-d'água.

Nada esperar
exceto o gesto da hospitalidade
um estar-em-comum
um respeitar-em-comum
um gesto
apenas.

Conchas

Hoje, queria ser concha
para que me ouvissem
mar.

Murmurar segredos
às conchas do Mediterrâneo
que sorriem
à chuva de homens.

Do fundo de minha cama
ouço as conchas do Mediterrâneo.

Suas bocas escancaradas
zombam dos pescadores
e dos peixes
cujas entranhas ainda conservam
o olho
da menina
afogada
e negra.

Você já ouviu o silêncio das conchas do
Mediterrâneo?
E o sopro de uma bomba num mercado de Istambul?
Eu não conheço o zunir do Siroco nos campos de
Lampedusa.
Eu não ouvi o grito estrangulado da menina moldava
ao ser estuprada na selva de Calais.

Você já ouviu o silêncio das pedras de Alepo?

O silêncio só existe
na possibilidade da palavra
                              ou em sua negação.

Do silêncio
silenciado
resta apenas
o terror

das pedras de Alepo.

Você nunca ouviu o silêncio das pedras de Alepo!

Puta

Você é estuprada por 36 homens
e ainda tem de provar a sua inocência.
Você é agredido fisicamente por ser negro
e ainda tem de provar a sua inocência.
Você é perseguido por ser gay
e ainda tem de provar a sua inocência.
Você é morto por não acreditar em um deus qualquer
e ainda tem de provar a sua inocência.

Obviamente,
todas as mulheres são putas
todos os negros bandidos
todos os gays doentes
todos os judeus ladrões
todos os nordestinos incultos
todo pobre vagabundo.

A lista dos novos mandamentos cresce
e minha indignação.

Carta aos amigos

Caras amigas,
caros amigos,
por favor,
não deixem de me avisar
quando
a censura voltar,
as mulheres perderem os seus direitos,
a homossexualidade se tornar uma doença,
o estupro for legitimado,
os menores criminalizados,
as universidades fecharem,
o livre-arbítrio desaparecer,
e a nossa capacidade de pensar,
e os autos da fé começarem
e eu me tornar,
no olhar do outro,
um degenerado
por defender a arte,
por defender o espírito crítico.
Não deixem de me avisar quando
as pessoas não puderem mais gozar os direitos
e as liberdades estabelecidos numa Declaração quase
caduca,
que defende a liberdade
sem distinção de qualquer espécie,

seja de raça,
cor,
sexo,
língua,
religião,
opinião política
ou de outra natureza,
origem nacional
ou social,
riqueza,
nascimento,
ou qualquer outra condição.
Caras amigas
e caros amigos,
não deixem de me avisar
quando
sairmos da
Idade Média.

Muros

vivemos
        a razão do impasse da razão
        nos corpos da razão vivemos
        o corpo no impasse do corpo
        vivemos a razão dos impasses
        vivemos o corpo dos impasses

                          apenas

Prefixo

habitar o vazio do olhar
silenciar a perda
                        des-
         prender-se
sem
    lugar
    tempo
    modo
    voz
    aspecto

        piratear afetos
        ilícitos
                raiz quadrada de menos
                        um
                        de menos
                        menos

            o nome
            o sobrenome
            o próprio nome

      ao infinito

            prefixo vivendo as ausências.

House Keys

Πάσχα
Páscoa
Libertação
Pessach
חספ

na passagem
o que levas?
o que te leva?

house keys
house keys
house keys
house keys

Raus!

Longe

Hoje só me resta a distância
                      a 10 000 quilômetros
                      a 10 000 quilômetros
                      a 10 000 quilômetros
                      somente
                      a 10 000 quilômetros
de mim mesmo.

Fora

sujeito

                                                ao mundo
                                                do mundo
                       e   no mundo
      entre

                                                estar
                     e

                                                estar
                                              entre
                           existência
és
ex
                     e
                                              tensa
ex
                     e
                                                        fora
és uma simples conjunção

Alteridade

Não
Não
Não
Não
Não
Não
Não
Não
Não
Não
Não
Não
Não
Não
Não
    me ouçam
Não
Não
Não
Não
Não
Não
Não
Não
Não
Não
Não
Não
Não
Não
Não

Allegro, un po'

com Adriana

caminho
porque tenho de caminhar
o caminho.

num passo depois do outro
depois do outro
caminho
sem a projeção do vazio.

nascido do constato
do vazio
caminho
na beância
dos hiatos.

caminho pelos hiatos
dos canteiros centrais
de flores
que esmagam pés
sob corpos abandonados
pelo caminho.

corpos dos companheiros
que sob os braços ainda levam as pedras
translúcidas pedras
pelo caminho.

caminho
pelas pedras fora de prumo
caminho
por não ser herói de minha história
caminho
por abdicar ao
caminho.

Espaçamento

Rawet
Lispector
Brasília
          no início
mãos trêmulas tocam as faces
e fecham os olhos
abertos ao mundo
outramente.

Ambos conhecem
a vertigem
da página
em branco
e da distância
de si
          a si mesmo
quando as paredes passam a machucar os corpos
e o mundo
faz-se
espaçamento.

O filho de Julián

ter um filho há de ser, sempre,
um ato de resistência

seja ele qual for
seja ele como for

meu filho
minha palavra
rompem a carne
e as genealogias.

Os guarda-chuvas de Teolinda

Hoje eu queria escrever um texto bonito
que no seu rosto desenhasse
um sorriso sem volteios.

Hoje eu queria escrever um texto engraçado,
clariciano no gargalhar de um corpo
involuntário.

Hoje eu queria escrever um texto importante.
Um respiro a este corpo
que não é corpo
que desprovido de corpo
sobrevive, apenas.

Hoje eu queria escrever um texto memorável,
cor sépia
corpo sépia
na ausência de um corpo
que já nasceu ruína.

Hoje eu queria escrever um texto.
Um texto.
Um corpo.
Uma condição.

A premissa de toda escrita é o gesto
não a palavra.

Bond.

Um mundo às vésperas do suicídio coletivo da
Primeira Guerra Mundial.
Um vilarejo em Suffolk.
Uma sociedade sob os comandos de uma déspota
vitoriana.

A morte do filho pródigo
trágica
e cômica
dilui as fronteiras
do mar
cômico
e trágico
no riso
do anátema

não há trágico sem cômico
não há cômico sem trágico.

Alternam-se
pelo mar revolto
o cômico
o trágico
o riso
trágico e cômico
do choro
do riso
do meu mal-estar
               diluído.

Do nome

Acordar no exílio de Saint-John Perse.

No estado civil precário
do nome
de um barco.

Do nome precário
habitar aquele que eu me der.

Refúgio em Drummond

Não nos afastemos.
Não nos afastemos muito.
Não nos afastemos nunca.

De mãos, braços, pernas e corpo dados
uns com os outros
uns aos outros

sejamos o refúgio de um mundo
refugo.

Paulino: ela

Como o rio de Heráclito
sempre (e nunca) a mesma.

Eu (só) resisto pensando
em primaveras
e
em ti.

***Du*, Buber!**

entre
cá vir e
lá ir
entre
partir e
chegar

entre
o palíndromo
redondo
do quiasma

a janela
a pedra
a porta

entre
eu e
tu
du und
ich

entre
um
estar e
um es-
tar e
um est-
ar e um
est
        ar.

As chuvas de Cíntia

Água.
Chuva.
Cor-de-água.
Cor-de-chuva.

A cor da chuva
na textura
da voz
na espessura
da água da
chuva.

A voz da chuva.
Suas faces sulcando
a brilhância
dessa coisa brilhante que é a chuva
de teus olhos.

Abelhas de Ruanda
a Scholastique Mukasonga

Ontem eu vi uma abelha morrer.
Nunca assitira à morte de uma abelha.
Ignorava-as
em sua individualidade,
de abelha.

Ontem eu lia um livro na sacada de meu
apartamento.
Lia entre plantas que sobrevivem à minha
prepotência,
de homem.

Um pé de jasmim acompanha-me há anos.
Raquíticos gerâneos.
Uma madressilva.
As tagarelas suculentas
indiferentes ao meu descaso,
por plantas
insetos
abelhas
indiferentes
ao mundo.

Já não há abelhas na China.
Dizem que são os homens que agora polinizam as
flores.
Homens-abelhas.
Homens-insetos.

No município onde moro há hotéis de inverno para
insetos em parques públicos.
No município onde moro insetos repousam
em hotéis públicos
esquecendo sua indigência,
de insetos.

A autora explicava no livro
inyenzi: baratas.
Assim chamavam os tutsi.
Antes do genocídio de 1994.
Antes de serem assassinos
a pontapés
facadas
a machadadas

homens
mulheres
crianças
800 000 tutsi.
Todos *inyenzi*.
Todos baratas.
Todos insetos.

Abelhas morrem.
Insetos do meu bairro hibernam.
Homens fecundam árvores na primavera.
Um indigente dorme no *hall* de entrada do meu prédio.

O inverno de sua fome.
Seu desamparo.
Sua solidão
em meu silêncio,

de inseto.

Os olhos de Schiele

a fúria dos olhos de Egon Schiele
a indignação
do grito cravado na garganta
                                      feito espinha de peixe
durchschlief ich [auch]
die nassen Straßen

21 gramas

21 gramas
o peso de sua alma
ao morrer

e o peso de um acorde de Gil Evans?
do orgasmo de dois amantes?
de uma *performance* de Pina Bausch?

o peso de uma onda de mar

eu não sei quanto pesa o arrepio das palavras

Despedida da pedra

Hoje queimarei todos os meus livros
e meus dicionários.
Pelos becos da cidade
meus ensaios
dilacerados
espalharei.

Enterrarei meus poemas.
Meus pulsos cortarei.
Hoje, meu sangue
espargido
tingirá
nossas cartas
sequer redigidas.

Cavalo de Troia,
verme
e vírus,
hoje, penetrarei teus circuitos labirínticos.
Arrancarei as teclas de tua velha Remington.

Com minhas unhas
e o bico de meu tinteiro
perfurarei teus olhos,
catálogos
registros e
romances.

Hoje, atarei fogo nas bibliotecas.
Incendiarei livrarias.
Clamarei as línguas das labaredas
de minhas antologias.

E delas, se erguerá novamente
a luz-balão
que cobrirá as estepes da Mongólia
as folhas das árvores de Fukushima
a lama de Bento Rodrigues
as palafitas de Recife
os gritos do Bataclan
os cílios em concha
de um imigrante afogado
nas lágrimas surdas
de uma mãe
debruçada
sobre os escombros
de seu filho.

Hoje,
a palavra
reduzida
a pó
sufocará
a indiferença,
os ditadores,
as balas,
a fome.

Hoje,
ouvirei,
enfim,
o teu amor.

As lágrimas de níobe

Espremiam-se no vagão do metrô
disputando os poucos lugares que os separavam
uns dos outros
uns sem os outros.

Espremiam-se como exigem as boas maneiras
de todas as manhãs
mergulhadas
em sonhos matinais
inúteis.

Delizo entre a moça de mochila e o rapaz de camisa
branca.
Deslizo entre decibéis musicais que exigem as boas
maneiras
das manhãs.

Em sua baixa estatura
os cabelos ondulados
e a miopia
Vi-a.

Não ouvia música.
Não lia.
Não consultava o telefone.

Chorava.

Indecentemente,
chorava uma manhã
de boas maneiras.

Pelas faces
lágrimas rolavam
lentamente.
Gritavam outras
dos vidros de uma juventude
transmutada
em lugar-comum.

No lugar-algum
de um vagão de metrô
lágrimas míopes esprimiam-se
sem lugar
entre as minhas
que, covardes, não puxaram o alarme do vagão.

As luzes de segurança não se acenderam
automaticamente.
Não retirei meus fones de ouvido.
Não me mexi.
Não interrompi o mundo naquela manhã
de regras e de boas maneiras.

Mas, ao sair do vagão, ela sorriu-me e meu mundo
desmoronou.

Cantabile

Um lago

à espera
a beira de um lago
à beira de um lago
a espera

você ja não sabe como iniciar a frase
você sabe que só lhe resta

a espera da beira
de um lago
à espera na beira
                    de um futuro do pretérito.

Antúrios

Sussurros. Um raio refletido no copo-d'água. Na cabeceira da cama. Contornos de formas no espaço líquido. Perdem-se. As costas enrijecidas. Os dedos. A boca à procura de lábios carnudos injetados de sangue. Olhos em êxtase no espelho da parede. Nua. Um cão ladra num quintal qualquer. Realidade irrompendo o quarto. E o órgão a caminho ferindo o calor do meio-dia. Aquecendo as lâminas das persianas. Entreabertas. No feixe de luz fracionado do espaço. Em paralelas superpostas. Repetidas. Espasmódicas de um brado calado

        no sol da arandela neo-colonial. Presa a um dormitório em mogno. Com guarda-malas imbutido. Aos úmidos corpos. Fios de cabelos tingidos à pressa sobre o forro de veludo roxo da penteadeira. As janelas estão fechadas. Trancadas as portas no escuro. A voz metálica. Mais um capítulo de uma novela de sucesso. Mãos aguardam. Dedos agarram o travesseiro. A boca fecha. Um pênis entumecido efetua o martírio. Castração original das asperidades. Roçar de mucosas. E o grito de furor estrangulando ar. Que ele quis saber como como o conhecera. Percebeu um brilho fosco em seus olhos. A resposta veio de outros tempos. Cabelos espalhados pelos ombros. Desenvoltos. De lábios carnudos. Colados no vidro de um jardim de inverno. De mãos ágeis no trabalho matinal. Na estufa de samambaias. De antúrios. Noite e dia lustrados pelo pai. À vista dos passantes. À vista quando ele passou. E não viu que ela o observava. Passou sem ver o copo à cabeceira da cama. O vaguear líquido dos braços emaranhados. Passou. Passou o hálito morno no pescoço. E nos negros sussuros de terror. Passou. No dia seguinte. E no outro. Passou e habituou-se a vê-la ali. Presa num bocal enjardinado de

minha autobiografia confessional.

Rima

da barriga da mãe.

Espiava
os irmãos
a avó
o quintal
a parede do quintal
e o vasto mundo.

Da vasta barriga da mãe
espiava
o mundo
vasto.

E eu
que nunca fora rima
encontrava
a solução.

À mãe

Serei breve na concisão da rã
que salta nas profundezas do velho poço solitário
que pede ajuda no gosto salgado
das rotas do deserto de afetos.

Serei breve na concisão.

Acredito nas epifanias das brevidades,
eternamente breves em seu silêncio.

Hoje nada falarei.
Contentar-me-ei do respingo da água nas mãos
que souberam aparar a lágrima do rosto envelhecido.

O toque das mãos breves da mãe,
suspensas,
na eternidade do amor.

Meninos

Meninos não brincam de boneca.
Meninos não fazem roda.
Não pulam corda.
Meninos não tocam piano.

Meninos jogam futebol. Rodam pião. Brigam na rua.
Correm.
Muitos meninos correm. Matam passarinhos
com seus bolsos cheios de mamonas,
à mão, o estilingue abandonado no terreno baldio
vizinho
esquecido dos meninos
e eu.

Os pés dos meninos têm o cascão
das calçadas de terra.
Pitangas. Goiabas. A cana-de-açúcar chupada.
Trocam os dentes de leite os meninos
que deixam chupins se aninharem em seu cabelos
que recuperam vira-latas das ruas.

Duquesa derrubou a bacia-d'água quando as pulgas
saltaram pelos braços da mãe. Pipo comeu carne com
vidro esmagado. E morreu.

Esmagam vidro em carne os meninos
que matam pardais
que caem dos postes de luz
que derrubam
               com suas bombas.

Algodão-doce

Num salto, às três horas da madruga, acordo:
estou com saudades.

Lá se vão quase trinta anos de um estar fora que me
impedem de dormir
e me acordam às três horas da manhã,
saudoso.

Estou com saudades,
murmuro silencioso temendo despertar os
velhos fantasmas
           da casa abandonada
           das ruas esquecidas
           da família
           da língua
           dos afetos.

É longa a lista que corrói o murmurar da frase que
me desperta
trinta anos depois
trinta anos,
após.

Levanto.
Vou até a cozinha.
Pela janela a neve se consolida no silêncio de minha
língua
calada.

Abro a geladeira.
A goiabada da última viagem ainda está lá,
intacta relíquia.
Restos do jantar.
A validade do leite já deve estar vencida,
e a minha.

    Algodão-doce.
    Algodão-doce.
    Algodão-doce.

Saudosa armadilha do senso comum
reminiscente.

Nunca comi algodão-doce
Nunca gostei de algodão-doce.
E, no entanto,

a espessura inexistente
da espera do que se espera
e que só é espera.
A doce amargura mordida
que se esvazia.

    Algodão-doce.
    Algodão-neve
    Algodão-
       casa doce dos afetos
       doces de meus dedos
       melados
       que vieram sujar
       esta página
       saudosa.

Saúvas.

Marujo ensinou-me a língua das formigas.

Marujo não tinha família.
Morava num barraco ao pé do quintal de casa,
do outro lado do muro,
no terreno baldio com seu litro de pinga,
às primeiras horas da manhã.

Diziam que Marujo fora rico.
Que fora marinheiro.
Diziam que caíra na bebida após uma grande
desilusão amorosa.
Diziam.

A criança de cinco anos
não enxergava a pobreza de Marujo.
Sua tristeza.
Sua solidão.

Nunca soube o nome de Marujo.
Marujo era Marujo.
Simplesmente.

O homem rodeado de crianças,
sentado no degrau da vendinha da esquina,
conversava com formigas.

E nos ensinava que saúva é bicho conversador.
E os pardais. E os besouros. E os cães aterrorizados
pelos fogos de artifício.

As folhas das árvores,
o musgo por entre as pedras,
Marujo nos ensinava.

Eu nunca soube o nome de Marujo.
Eu desconheço o nome dos mendigos do meu bairro,
das mães de Dresden
de Sarajevo
da Síria.

Eu não salvei a criança que se afogou no
Mediterrâneo.

Marujo desapareceu.
E as saúvas calaram-se.

Jingle Bells

Em Leipzig,
sob nevascas, a Alemanha reunificava
uma história apagada.
A euforia da véspera
das coisas
que sempre são vésperas.

Em Leipizig,
meu primeiro *adventus*, sem Messias.
Sob a luz de velas,
um chá
a fatia de bolo
de nossos silêncios amassados
no mesmo terror.

Ela ainda evitava os cadáveres da *Auhenheiner Straße*
e os gritos das mulheres da *Frauenkirche*.

As janelas abertas para a rua cinzenta cheiravam à
carvão,
apesar do inverno rigoroso
do golpe de estado de Fujimori
que na abertura da Eurodisney
devorava as entranhas famintas dos meus vinte e
cinco anos.

Os berros dos protestos xenófobos chegavam até o
quarto da rua cinzenta com suas janelas verdes.
Janelas do caos entreabertas
até as trincheiras dos olhos marejados
daquela que, com suas mãos rugosas
sob os escombros
do que um dia fora carne,
sangue e humanidade,
não me implorava esmola.

Ela ninava em plena rua Agusta às 14 horas de uma
segunda-feira cinzenta uma boneca de plástico
oculta de Deus.

O mundo abria-se em sangue
e meu coração
até hoje.

Ich denke

em Berlim no *Gedenkstätte Berliner Mauer*.

Em Berlim.
Em sua memória.
Em nossa incapacidade de nela pensar.

Quando estou em Berlim no *Gedenkstätte Berliner Mauer*, *denke ich*.

Penso
     nos medos de minha geração
     inconsciente
     do fim do mundo
     inconsistente.

Koyaanisqatsi.
A frase hiponotizante sob a música de Philip Glass.
A vida fora do eixo natural
mais acelerada.
Destruidora
vida amedrontada.

Minha geração foi a geração do medo.
O medo insidioso penetrando todas as esferas do cotidiano.

Tínhamos medo da ditadura
do escuro
da polícia.
Da altura
da violência
tínhamos medo

de sermos enterrados vivos.
Éramos mortos-vivos.

Eu tinha medo de beijar as meninas da escola.
Eu tinha medo do sexo.
Naquela época tínhamos medo dos outros
de tocar os outros
de nos tocarmos uns aos outros.
Tínhamos medo de amar.
Eu também tive medo de amar
e, talvez, ainda o tenha.

Por isso gosto de passar pela *Bernauer Straße*.
Passar e parar
no Memorial
do Muro para pensar
      no quanto hoje são raros os espaços do pensar
      de um pensar conjunto
      no
      silêncio.
      Desconhecemos o valor dos silêncios.

Pelos estádios. Pelas igrejas. Pelas ruas berramos
indecentemente
das sacadas de nossas varandas.
Gritamos esquecendo o valor do silêncio
pela posssibilidade de escuta
do outro que silencia
muros.

Sento na grama do *Gedenkstätte Berliner Mauer*.
Não há nuvens.

Não há flores.
Estou rodeado por passantes.
Crianças correm.
Cachorros dormem preguiçosamente ao Sol.

Sentado na grama do *Gedenkstätte Berliner Mauer*,
penso
      na grama-cicratiz
      dos que já temeram
      este silêncio.
      Ida Siekmann.
      Bernd Lünser.
      O garoto Jörg Hartmann.
      O silêncio de Winfried Freudenberg
      na manhã de 8 de março de 1989 ao sobrevoar
      o silêncio
      do muro das vítimas
      deste e de outros
      muros.

Penso no silenciamento dos muros.
no trespassing!
Fora!
Raus!
Penso no silêncio obsceno da humanidade
a que pertenço.

Na grama do *Gedenkstätte Berliner Mauer*
penso
choro
silenciosamente
sem medo.

Urgências

Hoje iniciei um texto.
Um texto sobre urgências.
Um texto que recusa o regime subjetivo da urgência.
Que nos procura a sensação de que tudo é
importante. E urgente
sem, no entanto, existir.

Para pensar a universalidade da urgência
penso na autora síria. A quem durante um evento
literário pediram um texto
sobre sua experiência.
Um texto urgente sobre a urgente situação na Síria.

O exílio.
A dor.
A chegada,
como se alguma ainda lhe fosse possível.

Penso na urgência deste relato que nos ensurdece.
Nós que vivemos a superfície de um presente
urgente.
No sabemos lo que pasa y eso es lo que pasa.
A urgência não passa
e passa.
E gostaríamos que passasse.

Penso na autora com que não conversei.
Ela não se lembra da porta trancada da casa.
Que já não existe.
Não se lembra da rua.
Que já não existe.

Não se lembra do filho que talvez já não exista.
A autora não se lembra das horas intermináveis
passadas no barco pneumático. Que ela gostaria que
não existisse.
Os cascalhos de Lesbos.
As paisagens.
O trem para Dortmund.
O inverno e as fotos destruídas
sob bombardeios.

Penso no vazio do exílio da autora que só se lembra
das mulheres que gritavam.
Penso nas mulheres
e em seus gritos.
Urgentes gritos de mulheres.

Penso na urgência do meu grito.

Scherzoso vivace

Espera

Cinquenta anos é um grande tempo que
modela qualquer imagem.

Modelou sua vida
de negativas.
O rosto.
As ações.
As ausências.

Você se sabe ausente e pergunta:
está esperando o quê?

Delicatus

Aquilo que eu chamo de poesia está no corpo
de tuas palavras que eu reviro do avesso
buscando a possibilidade
de um talvez.

Está em nossas bocas amargas
aquilo que eu chamo de poesia
dos arrepios
de tuas omoplatas
suspensos
no orgasmo que silencio todas as manhãs
na escuridão.

Aquilo que eu chamo de poesia
está na disponibilidade de tuas pernas
que minhas mãos afoitas
percorrem na efemeridade
daquilo que eu chamo de poesia

a flor da pele
de tua pele
à flor.

Tempo

Anuncia
o tempo pobre
e obscuro
que de meu tempo
provém!

Anuncia
o facho de trevas
em meu rosto!

Anuncia
o contemporâneo
que eu fora!

Anuncia
que o tempo
despiu-se
do amor.

Vaga-lumes

Vaga-lumes de uma história
que gagueja
sonhávamos comunidades
de desejo.
Sonhávamos desejos.

Teu esperma
em minha boca
sufoca
meu desejo
de um desejo
comum.

Comum, repito,
para não pensar em teu esperma
em minha garganta.
Recuso o cheiro de teus cílios
colhendo nossos arrepios.

Meus cílios arrepiam-se
no desejo
do teu corpo
quando
deixo de guaguejar
teu nome
em vão.

Partir

é só na lembrança da partida
que se revela a partida
e o lugar que se habitava

a casa
a palavra
teu corpo

ser pó em teus olhos
hoje basta
para saber-me
morrer

Homens também choram

Homens também choram
seus cães
e o filho que partiu
no oco da madrugada.

Homens também choram
as guerras
e, à tarde,
suas lágrimas escorrem
pelos nós das gravatas.

Homens também choram
pássaros,
o vento nos trigais,
o gosto acidulado de um agrume
e o gozo solitário
na cama
vazia.

Homens, sobretudo, choram
ao se barbearem.
Eles choram suas mortes
e choram
homens que não choram
o amigo,
o irmão.

Eu choro meu pai
e o seu pai
e o pai do seu pai.
Eu choro todos os pais
que nunca serei.

Ouriço

Quero ser a mão de que se servirá o imprevisto
quando a escrita habitar meu pensamento
inconsciente como uma queimadura.

Quero que minha voz migrante ecoe
na espera do lugar algum.

Ocupar um lugar é sempre ocupar o lugar de alguém,
à sombra de nossa boa consciência,
sufocada no lodaçal da memória
de derrotas
e desrotas.

Abandonei a terra. A família. A casa da família.
Perdi o giz da lousa nos cascalhos banhados pelas
ondas do mar.

Minha identidade é profunda.
Sou o ralo do mundo.
Um buraco
Um homem-buraco
que nada há de preencher.

Sem descendência, genealogias ou *habitus*
sou o bastardo que transforma o horizonte
em pontos de fuga
sem volta.

Minha identidade é profunda suficientemente para
em meus braços amparar *Querelle* para
mergulharmos no poema do mar para
juntos ressurgirmos fragmentos
de nós mesmos.

Ouriços sem espinhos.

Vazio

Despeço-me
dos meus livros
de minhas roupas
de minha casa
do portão de minha casa.

Despeço-me
do meu cão
do teu corpo
e do gosto de sal de teu sexo
em minha língua.

Despeço-me
de teus passos
do vazio das horas
e do migrante naufragado
em minhas entranhas.

Despeço-me
do meu pai
de sua ausência
de um horror suspenso
em cânone.

Despeço-me
de teus pelos
de teus passos diminutos
de um arrepio
em pleno verão.

Despeço-me
de mim
e erro

nu.

Antes da terceira vez

virada a cabeça
no travesseiro de penas
o galo cantou

Sísifo

[às vezes] resvalo
morro abaixo.
Mas o bom de ser
Sísifo [ou pedra]
é saber que sempre haverá
um topo de montanha.

Entre

porque, a partir de agora, vai ser assim:
a palavra crua sem metáforas,
o pior de mim no teu olhar abolindo a distância entre
o visível e o dissimulado.
Agora, vou apagar a opacidade da polidez das
condutas sociais e privilegiar a transparência
desconcertante da palavra por dentro, obscena.
Agora, vou ser obsceno sabendo o que exige o
espetáculo para além da prática:
a exibição excessiva,
o expectador,
a catarse
que descarto pois obsceno serei no distanciamento
entre o mostrado e o observado. No exato
espaçamento que testemunha minha não adesão ao
espetáculo da dor.
Quero sofrer e a partir de agora esfregar no teu rosto
a palavra violentada do corpo que já não dissimula
a dor,
nem a palavra.
Quem me dera ela ainda fosse assim,
a palavra!
Matéria informe,
pedra rara que partiu meu cinzel.
A palavra, agora, arranha-me o corpo,
fura-me os olhos,
sangra pelos dedos nos caminhos
de meus rastros tangenciais.
Agarroa-a.
Agarro-me nela.
A ela agarro-me sem poder fugir de minha

territorialidade extraviada de clandestino que
me coloca para além da esfera da legalidade de
um lugar habitável e fixo. Para além dos espaços
centralizadores. Fora dos espaços e
dos caminhos que não me concedem, sequer, a
possibilidade de tornar-me,
palavra.
Agora, sei-me clandestino no entroncamento do
mundo onde imponho um desvio
à paisagem imutável.
Lá, onde a cadeira permanece junto à mesa.
Lá, onde afasto a cadeira da mesa.
Lá, em que cadeira e mesa se descobrem na
reciprocidade de seus olhares.
Lá, no espaçamento imposto entre cadeira e mesa.
Entre uma e outra. Em que cadeira e mesa
se revelam uma a outra. Uma pela outra. Uma a partir
da outra no não lugar
da palavra sem-lugar
que habito
fora do mundo.
Agora, resta-me estar fora.
Fora de mim,
fora de ti e das palavras
estar entre.
Entre, imploro-lhe pela última vez!
Entre e não saia. Porque a partir
de agora vai ser assim:
cada passo, como se fosse o último
cada hora, como se fosse a última
cada beijo seu, um infinito (re)começo
sem início.

Sa tête sillonne la galaxie de l'absurde.

© Editora NÓS, 2018

Direção editorial SIMONE PAULINO
Projeto gráfico BLOCO GRÁFICO
Revisão DANIEL FEBBA
Produção gráfica ALEXANDRE FONSECA

Texto atualizado segundo o novo Acordo Ortográfico da Língua Portuguesa.

Dados Internacionais de Catalogação na Publicação (CIP)

Tonus, Leonardo
    Agora vai ser assim/Leonardo Tonus
    São Paulo: Editora NÓS, 2018
    96 pp.

ISBN 978-85-69020-27-1

1. Literatura brasileira. 2. Poesia. I. Título.

CDD 869.1, CDU 821.134.3(81)-1

Índices para catálogo sistemático:
1. Literatura brasileira: Poesia 869.1
2. Literatura brasileira: Poesia 821.134.3(81)-1

Todos os direitos desta edição
reservados à Editora NÓS
Rua Francisco Leitão, 258 – sl. 18
Pinheiros, São Paulo SP | CEP 05414-020
[55 11] 3567 3730 | www.editoranos.com.br

Fonte SECTRA
Papel POLÉN BOLD 90 g/m²